11 avril 1874 99P

Exemplaire de Barre

COLLECTION

DE M.

LAFONTAINE

SOCIÉTAIRE DE LA COMÉDIE-FRANÇAISE

Me CHARLES OUDART, COMMISSAIRE-PRISEUR

M. ÉMILE BARRE, EXPERT

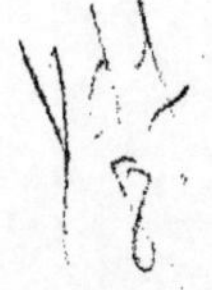

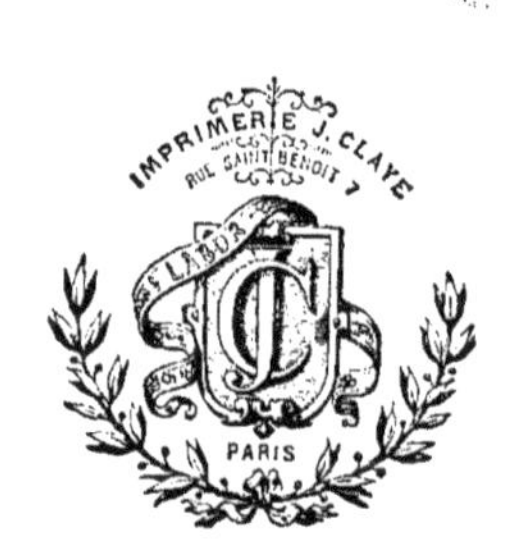
IMPRIMERIE J. CLAYE
RUE SAINT BENOIT 7
PARIS

COLLECTION

DE M.

LAFONTAINE

SOCIÉTAIRE DE LA COMÉDIE-FRANÇAISE

CONDITIONS DE LA VENTE.

Elle sera faite au comptant.

Les acquéreurs payeront *cinq centimes par franc*, en sus des enchères, applicables aux frais.

L'Exposition mettant les Adjudicataires à même de se rendre compte de l'état et de la nature des objets, il ne sera admis aucune réclamation une fois l'adjudication prononcée.

CATALOGUE

DE

60 TABLEAUX

ANCIENS

DES ÉCOLES

FLAMANDE ET FRANÇAISE

DE LA COLLECTION

DE

M. LAFONTAINE

SOCIÉTAIRE DE LA COMÉDIE-FRANÇAISE

DONT LA VENTE AURA LIEU

HOTEL DROUOT, SALLE N° 3

Le Samedi 11 Avril 1874, à 3 heures

PAR LE MINISTÈRE DE **Me CHARLES OUDART**, COMMISSAIRE-PRISEUR
31, rue Le Peletier

ASSISTÉ DE **M. ÉMILE BARRE**, EXPERT
20, Chaussée-d'Antin

Chez lesquels se délivre le présent Catalogue

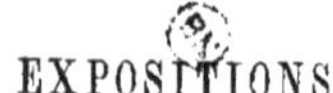

EXPOSITIONS

PARTICULIÈRE	PUBLIQUE
Le Jeudi 9 Avril 1874	Le Vendredi 10 Avril 1874

DE 1 HEURE 1/2 A 5 HEURES 1/2

DÉSIGNATION

ALST (Van)

1. — Perdrix mortes, suspendues par la patte.

BACKHUYSEN

2. — Marine.

Des vaisseaux au pavillon déployé et de nombreuses barques de pêcheurs viennent de quitter un port que l'on aperçoit sur la droite.

BERGEN (Dirk van)

3. — Animaux au pâturage.

Une femme, assise près de monuments en ruine, garde un troupeau de vaches et de chèvres.

BERGHEM (Nicolas)

4. — Le Passage du gué.

Un paysan sur son cheval et une femme tenant un enfant dans ses bras font passer une rivière à un troupeau de vaches, chevaux et moutons. Dans le fond, un paysage montagneux avec ruines. — Effet de soleil couchant.

CASANOVA

5. — Le Passage du gué.

CHARDIN

6. — L'Enfant au tambour.

Une petite fille, en costume Louis XVI, se promène avec un jouet à la main et un tambour.

DECKER (Conrad)

7. — Paysage de la Hollande.

Une forêt borde un canal sur lequel on voit des barques de pêcheurs. — Dans le lointain on aperçoit le clocher d'un village.

DEMARNE

8. — Le Champ de blé.

Au premier plan, des vaches se désaltèrent dans un cours d'eau; et une paysanne assise sur son âne se dirige vers une chaumière entourée d'un jardin; à droite un champ de blé, au bout duquel s'étend un vaste horizon.

DEMARNE

9. — Le Charlatan.

A l'entrée d'un village italien et près d'une statue antique, un empirique à cheval, aidé de son compère qui joue de la trompette, a attiré autour de lui nombre de paysans et de portefaix auxquels il fait voir une drogue qu'il tient à la main; *charmante composition,* rappelant Karel Dujardin.

DIÉTRICI

10. — Paysage montagneux avec cours d'eau et figures.

DOW (Gérard)

(Signé 1668.)

11. — Portrait de la mère de l'artiste.

Elle est représentée assise et les mains croisées sur ses genoux, vêtue d'un costume noir garni de fourrures avec collerette et coiffe blanches.

Dessin au crayon noir rehaussé.

DROLLING

(Signé.)

12. — Paysage avec Maison rustique, près d'une route sur laquelle on voit divers groupes de figures.

DROOGSLOOT

(Signé 1643.)

13. — Paysage avec ruines et figures.

DYCK (Philippe Van)

(Signé.)

14. — La sortie du bain.

Une femme nue entourée d'une draperie bleue est aidée par deux servantes pour les apprêts de sa toilette.

FERG (François)

(Signé.)

15. — Fête de village.

Sur une place, auprès de monuments en ruines, des paysans sont occupés les uns à danser, les autres à boire et à causer. — A droite sous une tente on dresse des tables pour un repas.

FERG (François)

16. — Le pendant du précédent.

Auprès d'une pyramide et au pied d'un château fort en ruines, des comédiens italiens donnent la représentation à un grand nombre de paysans assemblés, dont quelques-uns sont à cheval ; à gauche une fontaine où boivent des animaux.

Ces deux charmants tableaux, remarquables par leur grande finesse d'exécution, forment pendant.

GELÉE (Claude, dit le Lorrain)

17. — Port de mer en Italie.

A gauche un palais avec portique d'une riche architecture, derrière lequel on aperçoit toute une ville, et au premier plan quelques dames et seigneurs se promenant et des pêcheurs assis et causant. Dans le fond, près d'un monument baigné par la mer, des vaisseaux et barques de pêche. — Effet de matin.

Les figures de ce tableau sont peintes par Courtois.

GOYEN (Van)

(Signé et daté 1635.)

18. — Entrée de village au bord d'un canal.

Au premier plan des pêcheurs au repos dans leurs barques, à droite quelques maisons rustiques bordées de bouquets d'arbres, et dans le fond au bord de l'eau un village dont on aperçoit le clocher.

GOYEN (Van)

(Signé et daté 1644.)

19. — Village au bord d'un canal.

Un canal sillonné de barques de pêcheurs borde un village fortifié dont on aperçoit les églises et quelques maisons. Dans le fond, un moulin et des bateaux qui se perdent à l'horizon.

HALS (Franck)

20. — Portrait de seigneur en costume Louis XIII.

Il est représenté à mi-corps, la tête couverte d'un feutre aux larges bords et vêtu d'un costume noir sur lequel est appliquée une collerette de dentelle.

HEEM (David de)

(Signé.)

21. — Nature morte.

Sur une table couverte d'un tapis sont posés une vasque du Japon contenant des fruits, un verre de Venise, et divers accessoires.

HEYDEN (Van der)

(Signé.)

22. — Entrée de la ville d'Amsterdam.

On aperçoit à gauche, au bord d'un canal, un château bâti en briques, de l'autre côté une avenue de grands arbres conduit à la ville dont on aperçoit dans le fond les premières maisons et au milieu un pont volant que traversent des personnages et des animaux.

HOOG (Pierre de)

23. — Intérieur hollandais.

Dans une grande pièce éclairée sur la gauche par un vitrage, des dames et des seigneurs en costume Louis XIII, les uns assis les autres debout, sont occupés à jouer autour d'une table couverte d'un tapis de Smyrne; quelques personnages debout causent et boivent.

KLOMP (Albert)

24. — Vaches et Moutons au pâturage.

LANCRET

25. — La Collation dans le parc.

Deux dames sont assises près d'une fontaine et attendent les rafraîchissements que leur apporte un jeune homme.

LANCRET (A.)

26. — Portrait de Dazincourt, acteur du Théâtre-Français.

L'artiste est représenté en Crispin, la main gantée et appuyée sur le pommeau de son épée.

Portrait d'une grande vérité d'expression.

LANFANT

27. — Le Moulin à eau.

A l'ombre d'un bouquet d'arbre, des paysannes sont occupées à laver du linge.

LEMOINE

28. — Diane et Endymion.

La Déesse a passé son bras autour du cou du berger et le contemple dans son sommeil.

LOO (Carle van)

29. — Portrait de dame en Diane.

Elle est représentée à mi-corps, caressant un levrier et tenant un arc à la main.

LOO (Michel van)

30. — Portrait de dame en costume Louis XVI.

Elle est revêtue d'un costume blanc et a la tête couverte d'un voile.

MICHEL

31. — Le Retour de la pêche.

Sur la plage et au premier plan, de nombreux pêcheurs sont occupés à débarquer du poisson ; à droite dans le fond, un village avec moulin à vent. — Sur la mer on aperçoit plusieurs bateaux qui rentrent au port.

MICHEL

32. — Le Moulin, effet d'orage.

MIGNARD

33. — Portrait de Mademoiselle de Montpensier.

Elle est représentée en riche costume orné de bijoux et tenant des fleurs à la main.

MOLYN (Pierre)

34. — Paysage de Hollande.

Dans le fond et derrière un bois, on aperçoit le clocher d'un village et des moulins. — Au premier plan, des paysans sont occupés à causer au milieu du chemin.

MONNOYER (Baptiste)

35. — Bouquet de fleurs.

Sur une console en pierre, un vase en bronz Louis XVI contient un énorme bouquet de fleurs qui tombent en grappe sur une draperie.

Composition capitale.

NATTIER

36. — Portrait de dame en buste.

Elle a les cheveux poudrés et ornés de fleurs.

OSTADE (Isaac)

(Signé 1634.)

37. — Extérieur de ferme.

Au premier plan un homme tire de l'eau d'un puits, tandis qu'une femme s'occupe des soins du ménage.

Dans le lointain on aperçoit le clocher d'un village.

PILLEMENT

38. — Le départ pour le marché.

Au milieu d'un paysage où l'on voit des rochers et des monuments en ruine, un paysan conduit au marché un troupeau de vaches et de moutons.

R. (F.)

(Signé.)

39. — Château fort au bord de la mer.

De nombreux personnages examinent les barques de pêche et les bateaux de plaisance qui sillonnent la mer.

REMBRANDT

(Signé et daté 1640.)

40. — Portrait de seigneur.

Il est représenté en buste vue de trois quart, la tête couverte d'une toqué noire. — Ses cheveux longs, tombent sur un manteau rougeâtre qui lui couvre les épaules.

ROBERT (Hubert)

41. — Dans un ancien temple, transformé en atelier de sculpture, quelques personnages se promènent et examinent les divers travaux de restauration auxquels sont occupés des artistes. Dans le haut du tableau à gauche, une scène galante.

ROBERT (Hubert)

(Signé et daté 1783.)

42. — Une Route dans les Pyrénées.

Au milieu d'immenses rochers, sur lesquels est bâti un château fort, on voit, sur une route que côtoie un cours d'eau, des voituriers et des muletiers. Plus loin un pont et à l'horizon, qui s'étend à perte de vue, quelques villages boisés.

ROBERT (Hubert)

43. — Paysage avec ruines.

Au premier plan, au bord d'un torrent, un groupe de personnages et d'animaux; dans le fond, à gauche, on aperçoit la mer avec des vaisseaux à l'ancre.

RUYSDAEL (Jacques)

(Signé.)

44. — Site norvégien avec chute d'eau.

A droite, d'immenses rochers que dominent un château en ruine et quelques troncs d'arbres; à gauche, une montagne couverte de sapins et de mélèzes. Quelques arbres brisés roulent dans un torrent dont les eaux écumeuses tombent en casacade à travers ce site sauvage.

SARRASIN

(Signé.)

45. — L'Abreuvoir.

Dans le fond, un château et un pont; à gauche, un bouquet de bois au bord de la rivière; à droite, un berger fait boire des vaches et des moutons.

SARRASIN

46. — La Rentrée du troupeau.

Pendant du précédent.

SENAVE

47. — Le Marché aux poissons.

Près d'un moulin placé au bord de la mer, on voit des passants marchander du poisson apporté par une barque que l'on aperçoit dans le fond.

STEEN (Jean)

(Signé.)

48. — Taverne flamande.

De joyeux buveurs, les uns attablés, les autres debout, fument et plaisantent avec la femme chargée de les servir.

STRY (J. Van)

49. — Paysage hollandais.

A droite, plusieurs chaumières ombragées par des bouquets d'arbres; à gauche, un canal sur lequel on voit des barques de pêcheurs. Dans le lointain on aperçoit une ville.

TENIERS (D.)

(Signé.)

50. — Vue de la place du marché à Bruges.

Au premier plan, des paysans ont étalé leurs marchandises qu'ils offrent aux passants. — A gauche des comédiens ambulants attirent un immense concours de personnes de toutes qualités et à droite des cuisines, en plein vent, sont installées sous les arbres. Dans le fond on aperçoit les maisons de la ville et une église.

Composition des plus capitales de ce maître.

TERBURG (G.)

51. — Portrait de vieille femme.

Elle est représentée assise, la tête couverte d'une coiffe blanche.

Tableau d'une très-précieuse exécution.

TOURNIÈRES

52. — Portrait du duc d'Orléans.

Il est représenté revêtu d'une cuirasse et porte le cordon et la plaque de l'ordre du Saint-Esprit.

UDEN (VAN)

53. — Site hollandais.

Au milieu d'un superbe paysage et près d'une pièce d'eau, on voit un palais d'une riche architecture. — Quelques figures animent cette composition.

VRIES (De)

54. — Village au bord d'un canal.

Au premier plan, un pont rustique sur lequel une femme étend du linge; à droite, des paysans sont occupés à pêcher à la ligne.

WATTEAU (De Lille)

55. — Halte militaire.

WERF (Van der)

56. — Sainte Famille.

Au milieu d'un paysage la Vierge assise est occupée à lire. — Près d'elle l'Enfant Jésus offre un fruit au petit saint Jean.

WYNANTZ

(Signé.)

57. — Le Départ pour le marché.

Au milieu d'une route sablonneuse, bordée à gauche d'un bouquet d'arbres, on aperçoit un paysan conduisant un troupeau de vaches et de moutons.

ZEEMAN

58. — Mer calme avec vaisseaux et barques de pêcheurs.

ZUCCARELLI

59. — Port de mer italien avec château en ruines et pêcheurs.

ZUCCARELLI

60. — Site italien avec ruines et pêcheurs.

Ces deux tableaux forment pendants.

PARIS. — J. CLAYE, IMPRIMEUR, 7, RUE SAINT-BENOIT. — [419]

www.ingramcontent.com/pod-product-compliance
Ingram Content Group UK Ltd.
Pitfield, Milton Keynes, MK11 3LW, UK
UKHW020532180726
13839UKWH00005B/2455